LETTRES

DE

M. DE VOLTAIRE

ET

DE SA CÉLÈBRE AMIE.

LETTRES

DE
M. DE VOLTAIRE
ET
DE SA CÉLÈBRE AMIE;

Suivies d'un petit Poëme , d'une Lettre
de J. J. Rousseau , & d'un paralelle
entre Voltaire & J. J. Rousseau.

A GENÈVE,
Et se trouve à PARIS,

Chez CAILLEAU, Imprimeur-
Libraire, rue Saint-Severin.

M. DCC. LXXXII.

PRÉFACE
DE L'ÉDITEUR.

LES Ecrits qu'un Auteur publie ne sont d'ordinaire que le masque sous lequel il nous présente son cœur. C'est dans une correspondance intime & secrette qu'il se dévoile en liberté.

Les Lettres de M. de Voltaire à M. l'Abbé Mouſſinot nous montrent cet homme fameux très-occupé du soin de sa fortune ; les services même qu'il rend ne paroiſſent rien moins que déſintéreſſés.

PRÉFACE.

D'autres Lettres imprimées du vivant de M. de Voltaire, par la Beaumelle, font fort loin de le peindre en beau.

Celles dont je fais part actuellement au Public, bien fupérieures aux précedentes par leur ftyle ou par leur objet, n'offrent que peu de traits de la fauffeté du prétendu Philofophe. On y reconnoît partout le bel - efprit rare qui converfe avec un homme d'efprit.

J'ai joint à ce Recueil un petit Poëme fort agréable que M. de S........ confervoit en manuscrit, & dont il m'a dit plusieurs fois que M. de Voltaire étoit l'Auteur. La chose ne paroîtra douteuse à personne.

Après les Lettres de M. de Voltaire, le Public verra sans doute avec bien du plaisir celles de son illustre Amie. C'est un trésor véritablement précieux pour les Littérateurs. Elles nous entretiennent fidèlementt de ce grand Poëte dans les tems les plus agités de sa vie.

Si quelqu'un me blâme d'avoir mis au jour une correspondance destinée à rester secrette, c'est à coup sûr un de ces êtres intéreſſés à cacher leur turpitude, & qui ne voudroient laiſſer dans les cœurs d'autres vertus que celles dont leur diſſimulation puiſſe n'avoir jamais rien à craindre. En un mot, ce quelqu'un-là fait une Satyre, & ce n'eſt pas là mienne,

LETTRES

DE

M. DE VOLTAIRE

ET

DE SA CÉLÈBRE AMIE.

A Paris , le 29 Août 1733.

VOTRE Lettre, Monſieur, pouvoit ſeule me dédommager (de votre
charmante converſation. La divine
Émilie ſavoit combien je vous étois
attaché , & ſait à préſent combien je
vous regrette ; elle connoît ce que
vous valez , & elle mêle ſes regrets
aux miens. C'eſt une femme que l'on
ne connoît pas. Elle eſt aſſurément
bien digne de votre eſtime & de votre

A

amitié. Regardez - moi comme fon Secrétaire ; écrivez - lui & écrivez-moi , malgré les amufemens que vous donnent les femmes d'Avignon.

On a déja enlevé à Londres la Traduction Anglaife de mes Lettres. C'eft une chofe affez plaifante que la Copie paroiffe avant {l'Original. J'ai heureufement arrêté l'impreffion du Manufcrit Français, craignant beaucoup plus le Clergé de la Cour de France que l'Églife Anglicane.

Vous me demandez l'Épitre à Émilie; mais vous favez bien que c'eft à la Divinité même & non à l'un de fes Prêtres qu'il faut vous adreffer , & que je ne peux rien faire fans fes ordres. Vous devez croire qu'il eft impoffible de lui défobéir · vous avez bien raifon de dire que vous auriez voulu paffer votre vie auprès d'elle. Il eft vrai qu'elle aime un peu le monde.

Cette belle ame eft d'une étoffe
Qu'elle brode en mille façons.

Son efprit eft très philofophe,
Et fon cœur aime les pompons.

Mais les pompons & le monde font de fon âge, & fon mérite eft au-deffus de fon âge, de fon fexe & du nôtre.

J'avouerai qu'elle eft tyrannique;
Il faut, pour lui faire fa cour,
Lui parler de métaphyfique,
Quand on voudroit parler d'amour.

Mais moi, qui aime affez la métaphyfique, & qui préfère l'amitié d'Émilie à tout le refte, je n'ai aucune peine à me contenir dans mes bornes.

Ovide autrefois fut mon Maître;
C'eft à Loke aujourd'hui de l'être.
L'art de penfer eft confolant,
Quand on renonce à l'art de plaire.
Ce font deux beaux métiers vraiment,
Mais où je ne profitai guères.

J'aurois du moins fait quelque profit dans l'art de penfer entre Émilie &

vous. J'aurois été l'admirateur de tous deux. Je n'aurois jamais été jaloux des préférences que vous méritez. J'aurois dit de fa maifon , comme Horace de celle de Mécène :

> Nil mihi officit unquam.
> Ditior hic aut eft quia doctior eft. . . .
> Cuique fuus.

Mais vous allez courir à Avignon; Émilie eft toujours à la Cour , & cette divine abeille va porter fon miel aux bourdons de Verfailles; pour moi , je refte prefque toujours dans ma folitude entre la Poëfie & la Phi-lofophie.

Je connois fort M. de Caumont de réputation , & c'en eft affez pour l'aimer , fi je peux me flatter de votre fuffrage & du fien.

> Sublimi feriam fidera vertice.

Adieu; le papier me manque. Vale.

VOLTAIRE.

Ce Lundi.

VOILA une fort mauvaise copie d'Adélaïde; mais je n'en ai pas d'autre. Vous n'aurez pas besoin de mes vers pour vous amuser en chemin. Votre imagination & votre compagne de voyage vous meneroient au bout du monde. Cependant, prenez toujours ce chiffon de Tragédie pour les quarts-d'heure où vous voudrez lire des choses inutiles. Si vous voulez en procurer une lecture au petit *Gnome* correspondant des Savans, vous êtes le maitre. Quand vous serez arrivé à Toulouse, voyez, je vous en prie, mon ami d'Aguzberc, Conseiller au Parlement; je le crois au fond digne de vous, quoiqu'il n'ait pas de brillant. Vous lui ferez lire cette Pièce, mais point de copie. Adieu; bon voyage. Mille respects, tendre amitié.

VOLTAIRE,

A 3

_____

A Paris, ce 3 Novembre 1733.

VOUS m'avez écrit, Monſieur, en arrivant, & je me ſuis bien douté que vous n'auriez pas demeuré huit jours dans ce pays-là, que vous n'écririez plus qu'à vos Maitreſſes. Je vous fais mon compliment ſur le mariage de M. votre frère ; mais j'aimerois encore mieux vous voir ſacrer que de lui voir donner la bénédiction nuptiale. On s'eſt très-ſouvent repenti du ſacrement de mariage & jamais de l'onction épiſcopale. Je viens d'écrire à M. de... cette petite guenille :

Vous ſuivez donc les étendarts
De Bellone & de l'Hyménée ;
Vous vous enrôlez cette année
Sous Car... & ſous Villars.
Le Doyen des Héros , une Beauté novice ,
Vont vous occuper tour-à-tour ,
Et vous nous apprendrez un jour

Quel eſt le plus rude ſervice,
Ou de Villars, ou de l'Amour.

Ceci n'eſt bon que pour votre tri-
nité indulgente. Je vous deſtinois des
vers un peu plus empoulés. C'eſt une
nouvelle édition de la Henriade. J'ai
remis entre les mains de M. de Malijac un petit paquet contenant une
Henriade pour vous & une pour M.
de Caumont. Je vous remercie de tout
mon cœur de m'avoir procuré l'honneur & l'agrément de ſon commerce;
mais c'eſt à lui que je dois à préſent
m'adreſſer pour ne pas perdre le vôtre.
Il ſemble que vous ayez voulu vous
défaire de moi pour me donner à M.
de Caumont, comme on donne ſa
vieille Maitreſſe à ſon ami. Je veux
lui plaire, mais je vous ferai toujours
des coquetteries. Je ne lui ai pas pu
envoyer les *Lettres* en Anglois, parce
que je n'en ai qu'un exemplaire, ni
en François, parce que je ne veux

A 4

point être brûlé si tôt. Comment !
M. de Caumont sait aussi l'Anglois !
Vous devriez bien l'apprendre. Vous
l'apprendrez sûrement ; car Madame
du Châtelet l'a appris en quinze jours.
Elle traduit déjà tout courant ; elle
n'a eu que cinq leçons d'un Maître
Irlandois. En vérité , Madame du Châtelet est un prodige , & on est bien
neuf à notre Cour.

Voulez-vous des nouvelles ? Le Fort
de Kell vient d'être pris. La flotte
d'Alicante est en Sicile, & tandis qu'on
coupe les deux ailes de l'Aigle Impé-
riale en Italie & en Allemagne, le
Roi Staniflas est plus empêché que
jamais. Une grande moitié de sa petite armée l'a abandonnée pour aller
recevoir une paye plus forte de l'É-
lecteur - Roi.

Cependant le Roi de Prusse se fait
faire la cour par tout le monde , &
ne se déclare encore pour personne.
Les Hollandois veulent être neutres ,

& vendre librement leur poivre &
leur canelle. Les Anglois voudroient
fecourir l'Empereur, & ils le feront
trop tard. Voilà a fituation préfente
de l'Europe; mais à Paris on ne fonge
point à tout cela. On ne parle que
du roffignol que chante Mademoifelle
Petit-pas, & du procés qu'a Bernard
avec Servandoni pour le payement
de fes impertinentes magnificences.
Adieu. Quand vous ferez las de toute
autre chofe, fouvenez-vous que Voltaire eft à vous toute fa vie avec le
dévouement le plus tendre & le plus
inviolable.

VOLTAIRE.

A Paris, ce 15 Novembre 1733.

J'INTERROMPS l'agonie pour
vous dire que vous êtes une créature
charmante. Vous m'avez écrit une
Lettre qui me rendroit la fanté, fi
quelque chofe pouvoit me guérir.

On dit que vous allez être Prêtre
& Grand-Vicaire; voilà bien des fa-
cremens à la fois dans une famille.
C'eſt donc pour cela que vous me dites
que vous allez renoncer à l'amour.

Ainſi donc vous vous figurez
Alors que vous poſſederez
Le triſte nom de Grand - Vicaire,
Qu'auſſi tôt vous renoncerez
A l'amour, au grand art de plaire,
Ah ! tout Prêtre que vous ſerez,
Seigneur, Seigneur, vous aimerez.
Fuſſiez-vous Évêque ou Saint Père,
Vous aimerez & vous plairez;
Voilà votre vrai miniſtère;
Vous aimerez & vous plairez;
Et toujours vous réuſſirez
Et dans l'Égliſe & dans Cythère.

Vos vers & votre proſe ſont bien
aſſurément d'un homme qui ſait plaire.
Je ſuis ſi malade que je ne vous en
dirai pas davantage, & d'ailleurs que
pourrois-je vous dire de mieux, ſinon
que je vous aime de tout mon cœur ?

J'ai envoyé trois Henriades de la nouvelle édition à M. de C..... par M. de
Malijac, une par un Monſieur de Sozzi
qui demeure à Lyon vis-à-vis de la place
de Bellecourt. Je ne lui écris point, &
à vous je ne vous écris guères; car je
n'en peux plus. Adieu. Conſervez bien
votre ſanté ; il eſt affreux de l'avoir
perdue, & d'aimer le plaiſir. *Vale*,
vale. Ne parlez pas à Madame du Châtelet de ſon Anglois; c'eſt un ſecret
qu'il faut qu'elle vous apprenne. Adieu.
Je vous ſerai atttaché tout le tems
de ma courte & chienne de vie.

VOLTAIRE.

Nota. On obſervera que M. de Voltaire
n'avoit pas alors adopté l'orthographe qui
ſubſtitue *ai* à *oi* dans la terminaiſon d'une
foule de mots.

Du 12 *Février* 1764.
*A M. le Comte de S** *.*

Vous rempliffez, Monfieur, le
devoir d'un bon parent de Laure, &
je vous crois allié de Pétrarque, non-
feulement par le goût & par les gra-
ces, mais parce que je ne crois point
que Pétrarque ait été affez fot pour
aimer vingt ans une ingrate. Je fuis
fûr que vos mémoires vaudront beaucoup mieux que les raifons que vous
donnez de m'avoir abandonné fi long-
tems ; vous n'en avez d'autre que
votre pareffe.

Je fuis enchanté que vous ayez pris
le parti de la retraite ; vous me jufti-
fiez par-là, & vous m'encouragez.
Si je n'étois pas vieux & prefqu'a-
veugle, Paul viendroit voir Antoine,
& je dirois avec Pétrarque :

Movesî il vecchiarel canuto è bianco.
Dal dolce loco, ov'hà fua étà fornita,

E da la famigliuola sbigottità,
Che vede il caro padre venir manco.

J'irois vous voir affurément à la fontaine de Vauclufe. Ce n'eft pas que mes vallées ne foient plus vaftes & plus belles que celles où a vécu Pétrarque ; mais je foupçonne que vos bords du Rhône font moins expofés que les miens aux cruels vents du Nord. Le pays de Gex où j'habite, eft un vafte jardin entre des montagnes ; mais la grêle & la neige viennent trop fouvent fondre fur mon jardin. J'ai fait bâtir un château très-petit, mais très-commode, où je me fuis précautionné contre ces ennemis de la Nature ; j'y vis avec une nièce que j'aime. Nous y avons marié Mademoifelle Corneille à un Gentihomme du voifinage qui demeure avec nous. Je me fuis donné une nombreufe famille que la Nature m'avoit refufée, & je jouis enfin d'un bonheur que je

n'ai jamais goûté que dans la retraite.
Je ne peux laiffer la *famiglia sbigot-
tita*. Vous feriez donc fort bien, vous,
Monfieur, qui avez de la fanté &
qui n'êtes point dans la vieilleffe, de
faire un pélerinage vers notre climat
hérétique. Vous ne craindrez point le
fouffle empefté de Genève. M. le Lé-
gat vous chargera d'agnus & de reli-
ques; vous en trouverez d'ailleurs
chez moi, & je vous avertis d'avance
que le Pape m'a envoyé, par M. le
Duc de C......., un petit morceau de
l'habit de S. François, mon bon Pa-
tron. Ainfi vous voyez que vous ne
rifquez rien à faire le voyage. D'ailleurs, la Ville de Calvin eft remplie
de Philofophes, & je ne crois pas
qu'on en puiffe dire autant de la Ville
de la Reine Jeanne.

Il y a long-tems que je n'ai été à
ma petite campagne des délices; je
donne la préférence au petit château
que j'ai bâti, & je l'aimerai bien

davantage , fi jamais vous daignez prendre une célulle dans ce couvent; vous m'y verrez cultiver les lettres & les arbres, rimer & planter.

J'oubliois de vous dire que nous avons chez nous un Jéfuite qui nous dit la Meffe. C'eft une efpèce d'Hébreu que j'ai recueilli dans la tranfmigration de Babilone ; il n'eft point du tout génant , *non tanta fuperbia victis* , il joue très-bien aux échecs ; enfin, c'eft un Jéfuite dont un Philofophe s'accommoderoit. Pourquoi faut-il que nous foyons fi loin l'un de l'autre, en demeurant fur le même fleuve ?

Je fuis bien aife que Meffieurs d'Avignon fachent que c'eft moi qui leur envoye le Rhône. Il fort du lac de Genève fous mes fenêtres aux Délices. Il ne tient qu'à vous de venir voir fa fource. Vous combleriez de plaifir votre vieux ferviteur, qui ne peut vous écrire de fa main, mais qui vous fera toujours tendrement attaché.

VOLTAIRE.

Au château de Ferney,
  par Genève.

Du 26 Désembre 1764, au château de
Ferney.

Au même.

VOUS avez écrit à un aveugle, Monfieur, & j'efpère que je ne ferai que borgne quand j'aurai l'honneur de vous revoir. Soyez fûr que je vous verrai de très-bon œil, s'il m'en refte un. Les neiges du mont Jura & des Alpes m'ont donné d'abominables fluxions, que votre préfence guérira. Mais ferez-vous en effet affez bon pour venir habiter une petite célulle de mon petit couvent ? Il me femble que Dieu a daigné me pétrir d'un petit morceau de la pâte dont il vous a façonné. Nous aimons tous

deux la campagne & les lettres; em-
barquez-vous fur notre fleuve; je vous
recevrai à la defcente du bateau, & je
dirai: *Benedictus qui venit in nomine
Apollinis.*

Je n'ai point encore entendu parler
de votre fecond tome; mais quand il
viendra, je ne fais comment faire pour
le lire. Il y a trois mois que je fuis
obligé de me fervir des yeux d'autrui.
Jugez s'il y a quelqu'apparence au beau
conte qu'on vous a fait, que j'avois
mis quelques obfervations dans la Gazette littéraire. Je ne lis, depuis long-
tems, aucune Gazette, pas même l'ec-
cléfiaftique.

Il eft jufte que vous ayez beaucoup de
Jéfuites dans Avignon, & ils n'ont rien
à craindre en terres papales. Les Parle-
mens ont fait du mal à l'Ordre, mais
du bien aux particuliers. Ils ne font
heureux que depuis 'qu'ils font chaffés.
Mon Jéfuite Adam étoit mal couché,
mal vêtu, mal nourri; il n'avoit pas

un fou, & toute fa perfpective étoit la vie éternelle. Il a chez moi une vie temporelle affez agréable. Peut-être que dans un an il n'y aura pas un feul de ces pauvres gens qui voulût retourner dans leurs Colléges, s'ils étoient ouverts. Du refte, nous ignorons, Dieu merci, tout ce qui fe paffe dans le monde, & nous nous trouvons fort bien de notre ignorance. Le meilleur parti qu'on puiffe prendre avec les hommes, c'eft d'être loin d'eux, pourvu qu'on foit avec un homme comme vous. Mon indifférence pour le refte du genre humain augmentera quand je jouirai du bonheur que vous me faites efpérer. Je prends la liberté d'embraffer de tout mon cœur le parent de Laure, & l'Hiftorien de Pétrarque qui eft de meilleure compagnie que fon Héros.

VOLTAIRE.

Du 2; Janvier 1765.
Au même.

LE fecond volume *m'eſt arrivé*, Monfieur ; je vous en remercie de tout mon cœur : mais M. Fréron vous doit encore plus de remerciemens que moi. Il doit être bien glorieux ; vous l'avez cité. . . . . (1).
Mais comme je ſuis plus inſtruit que lui de ce qui me regarde , je peux vous aſſurer que je n'ai pas ſeulement lu cet extrait de Pétrarque dont vous me parlez. Il faut que ce Fréron ſoit un bon Chrétien , puiſqu'il a tant de crédit en terres papales. Vous m'avez traité comme un excommunié. Si la ſeconde édition de l'Hiſtoire générale étoit tombée entre vos mains, vous auriez vu mes remords & ma pénitence d'avoir pris la rime quartenaire pour des vers

---

(1) Voyez la troiſième Lettre du tome V de l'année littéraire de 1764.

b'ans. Ces rimes de quatre en quatre n'avoient pas d'abord frappé mon oreille, qui n'eſt point accoutumée à cette eſpèce d'harmonie. Je prends d'ailleurs actuellement peu d'intérêt aux vers, ſoit anciens, ſoit modernes. Je ſuis vieux, foible, malade.

Nunc itaque & verſus & cætera ludicra pono.

Je n'en dis pas de même de votre amitié, & de l'envie de vous voir : ce ſont deux choſes pour leſquelles je me ſens toute la vivacité de la jeuneſſe.

J'ai l'honneur d'être, Monſieur, du meilleur de mon cœur & ſans cérémonie, votre très-humble & très-obéiſſant ſerviteur,

VOLTAIRE.

Au château de Ferney.

LETTRE

De M. l'Abbé Berb...., Chanoine
de...., à Paris, au même.

MONSIEUR,

J'AI reçu avec bien du plaifir & de la reconnoiffance l'exemplaire dont vous avez bien voulu m'honorer. Je n'aurois pas tant tardé à vous en faire mes remerciemens, fans les différentes affaires dont je fuis accablé depuis un an. Votre Ouvrage a fait la plus forte fenfation dans la grande Capitale ; tous les gens de lettres l'ont lu avec un plaifir infini. A peine eût - il paru, que je n'oubliai pas de lui faire rendre l'hommage qui lui étoit dû par M. Fréron & M. Querlon, qui attendent avec impatience les autres volumes. Je partage en quelque façon une portion des lauriers dont les Mufes couvrent

votre téte, par l'intérêt que je prends
à tout ce qui vous regarde. J'ai vu auſſi
dans le tems M. l'Abbé Arnaud, qui me
communiqua la critique de l'Homere
des Alpes. Je l'engageai à ne point la
faire paroître, ou qu'il la modifiât,
*s'il y étoit contraint par les ordres de
la Cour.* C'eſt ce qu'il a fait, comme
vous avez dû voir dans la Gazette littéraire. Il faut avouer que cet habitant
des Alpes eſt bien de mauvaiſe humeur;
il m'a toujours paru qu'il voudroit en
mourant que tout le monde littéraire
expirât avec lui. Je m'entretins derniè-
rement chez le Prince Colonne avec
M. Froncel, qui avoit été nommé pour
être le Cenſeur de votre Ouvrage. Il eſt
ſi engoué de votre Ouvrage, qu'il don-
neroit toute ſa bibliothèque & tout ce
qu'il poſsède au monde pour en avoir
fait ſeulement le premier volume.... &c.

Nota C'eſt ainſi que M. de Voltaire nie ſans
façon à ſon ami, qu'il ait mis quelques obſer-

FRAGMENT

D'une Lettre de M. de S.... à M. de Voltaire ; laquelle sert à entendre certains endroits des Lettres précédentes & de celles qui suivent.

. . . . . . Nous prenons fort peu d'intérêt aux événemens de la guerre d'Italie, & j'avoue pour moi qu'une de vos Lettres me fait plus de plaisir que la nouvelle de la prise du château de Milan. M. de Caumont pense à-peu-près de même. Il est fort engoué de vous. L'empressement que vous lui témoignez excite ma jalousie. Je céde à la démangeaison de vous crayonner l'homme pour qui vous me faites infidélité.

Sa figure est celle d'un gnôme;

---

vations dans la Gazette littéraire, & il employe pour les y faire insérer *les ordres* de la Cour. Voyez la Gazette littéraire de l'Europe, page 392.

Il écrit à tous les Savans ,
Ceux de Paris & ceux de Rome.
Il amasse à grands frais d'antiques monumens ;
De discours pesans il m'assomme.
Il mange & dort ; voilà votre homme &c.

---

*Les Vers suivans attribués à Moncrif,
n'ont guères que le mérite d'avoir oc-
casionné ceux de M. de Voltaire & de
servir à leur intelligence.*

Vers de MONCRIF.

La fleur des enfans du Parnasse
Est arrivée en ces quartiers ;
Mais la cabale envain pourchasse
Un jeune front ceint de lauriers.

Les Généraux de cette armée
S'empressent à qui l'héberger.
Il est, grace à la renommée ,
Mille Admètes pour ce Berger.

Te voici donc, Seigneur Voltaire :
Ma foi, tu sois le bien venu ;
Mais qu'il soit dit, sans te déplaire ,
Que ton dessein nous est connu.

Pour

Pour se faciliter l'histoire
De chacun de nos Généraux ,
Un Soldat que l'on en peut croire ,
Fait leur portrait en peu de mots.

✿

C'est d'Asfeld , Maréchal de France,
Qui succède au feu Général;
Le seul royaume de Valence
A droit de lui vouloir du mal.

✿

Vigilant , froid , infatigable,
Habile, bon Ingénieur,
Aux ennemis insupportable ,
Dans le combat mauvais railleur.

✿

Tingri que le Soldat adore ,
Est aussi devant Philisbourg.
Rien que de grand ne peut éclore
De la race de Luxembourg.

✿

Le nouveau Chevalier de l'Ordre ,
Sur qui , malgré tant de Rivaux ,
L'envie encore n'a pu mordre,
En mérite a bien peu d'égaux.

✿

B

Tu t'attends que je te le nomme ;
Mais non je ne le ferai pas.
Devine. Eh bien ! là c'eſt cet homme ,
Qui ſort de tous les embarras.

C'eſt ce Dragon, ce Capitaine,
Dont Traubac a ſubi les loix,
Et qui fait dans une ſemaine
Ceque d'autres font en un mois.

Jadis favori de ton Roi ,
Clermont , toujours digne de l'être ,
Ta valeur fait parler de toi
Plus que le ſang qui te fit naître.

Conti n'attend pas quatre luſtres
Pour faire trembler les Germains ,
Sang des Rois , dont les moins illuſtres
Sont faits pour régir les humains.

Tant d'autres enfin dont l'hiſtoire
Honorera leurs deſcendans ,
Et dont les noms à ma mémoire
Se refuſent à contre-tems.

Tu veux encor savoir peut-être
Combien nous avons de Soldats.
Autant que d'hommes, mon cher Maître.
Quoique Gascon, je ne mens pas.

🜊

Mais encor, qui peut faire vivre
Ce nombre infini de Guerriers?
Garde-lui place dans ton livre;
Car il mérite des lauriers.

🜊

C'est l'un de ces frères uniques
Qui quatre jadis n'ont fait qu'un,
Bons Financiers, bons Politiques,
Pensant au-dessus du commun.

🜊

Consultés par les plus grands Princes
Dans des tems remplis d'embarras,
Et qui régiroient cent provinces
Sûrs de ne point faire un faux pas.

🜊

Mais tout Paris, dis-tu, demande:
Que fait donc Noailles là-bas?
Tout ce qu'il faut qu'on en attende;
Il soupire après les combats.

🜊

Il veille, il travaille fans ceffe ;
Homme de tête, homme de main,
Tous les jours il entend la Meffe,
Et jeûne comme un Capucin.

En un mot, voici la juftice
Que lui rend le Camp tout entier.
Minerve en a fait fon Ulyffe,
Mars en a fait fon Grenadier.

---

*VERS fur le même fujet & relatifs
aux précédens ; par M. de Voltaire.*

LES HÉROS DU RHIN.

A M. le Duc de la Trimouille.

JE fuis trop bon Francois, Seigneur,
Pour voir fans honte & fans aigreur
Cette impertinente écriture ;
Dans tout Paris on en murmure.
Oh Ciel ! quelle pefante main
Barbouille nos Héros du Rhin !
Un fot éloge eft une injure
A punir comme un trait malin.

Eh! Monfieur de l'Académie,
Laiffez les chanfons aux grivois,
Ou prenez leur ton , je vous prie.
Moins bas & plus uni cent fois ,
Mangez chez le Munitionnaire,
S'il eft homme affez débonnaire
Pour vous admettre à fes repas.
Mais ce riche a fait des ingrats ;
Il voudra bien encore en faire.
Croyez-moi donc, ne payez pas
En méchans vers fa bonne chère.
Quelle lâche indifcrétion
Vous porte à rouvrir nos bleffures
Et du Vifé les déchirures ?
Peignez - vous par averfion
Nos ruineufes aventures ?
Malgré la bonne intention ,
Vous demandez : Que fait Noailles
Là-bas ? que fera-t-il demain ?
Votre pinceau l'habille enfin ,
Non pas d'une cotte de maille ,
Ou d'un cafque de Dugueſclin ,
Mais du manteau d'un Capucin.
Louons fon efprit, fa vaillance ;
C'eſt l'homme de tous les talens.
Laiffons au Moine noir ou blanc
Les fecrets de fa confcience.

Pour ce Seigneur, en vérité,
C'est une œuvre bien méritoire
De vous pardonner le grimoire
Où vous l'avez si bien traité.

Revendiquez votre partage
Au tems avoué de Phœbus ;
Chantez les siéges, les blocus,
Chefs & Soldats dont le courage
Épargne la honte aux vaincus ;
Tracez, mais d'une main hardie,
L'Anglois qui chez nous accueilli
Y retrouve une autre patrie.

Celui dont la mort & la vie
Ne craignent ni le prompt oubli,
Ni le fade éloge avili
Par la bavarde Confrairie.

Berwick joignit au plus grand cœur
La sagesse la plus profonde ;
Il fut le modèle & l'auteur
D'une race en Héros féconde ;
Entre ses fils au champ de Mars,
Il meurt, & son sang les inonde.

Que de gloire ! que de grandeur !
Est-ce mourir, ou de ce monde
Sortir en vrai triomphateur ?
Donnons sa place & sa puissance
Au Marcius de notre France,

A ce d'Asfeld laborieux
Qui ne doit rien à sa naissance.
Il se montre seul à mes yeux ,
Et que m'importent ses ayeux ?
Quelle race ne sera fière
De commencer par un tel père!
Muses , peignez de traits de feu
Celui dont il ne faut rien dire ,
Plutôt que de le louer peu.
L'Apprentif qui l'ose décrire ,
Ne voit en lui qu'un Cordon bleu.
J'y vois le vainqueur de l'envie ,
Qui , par la force & le génie ,
Mit la fortune à la raison ,
Qui des débris de sa maison
Fit les fondemens de sa gloire ,
Aux grands projets donna l'essor ,
Et des ailes à la Victoire ,
Et la trouvoit trop lente encor.
Cet infatigable Belleisle
A ses côtés vole au combat.
Ce frère , son élève agile ,
Jeune homme encore & vieux Soldat ,
Mes chers voisins de la Bastille :
Car je vous y vis tous les deux ;
A votre nom mon sang pétille ;
Je respire à vous voir heureux ;

B 4

Et vous, auguftes Volontaires;
Clermont, Conti, Princes charmans ;
De la France vrais ornemens ,
Dignes héritiers de vos pères,
Ah ! faut-il qu'un groffier encens
Enfume vos lauriers naiffans.
Du Soldat qui vous envifage
Goûtez les applaudiffemens.
Germanicus fut à votre âge
Préférer ce naïf hommage
Au plus faftueux compliment.
Clermont a fu franchir l'obftacle
Qu'on oppofoit à fon ardeur;
De tous les Condés fon grand cœur
Réunit en lui le fpectacle.
Tu nous rendras, jeune Conti ,
Ce Héros chanté fur le Pinde ,
Que Fleurus, Stinkerque & Nervinde
Ont vu valoir feul un parti ,
Ton digne ayeul, dont le Sarmate
A genoux eût reçu des loix ,
Si cette répuhlique ingrate
Méritoit d'avoir de bons Rois.
Ah ! puiffai-je avoir une voix
Egale au zèle qui me flatte ,
Pour chanter un jour tes exploits.
Je fouhaite aux Dieux de la terre,

A nos Princes fuccès en guerre,
Plaifir en paix , bon Tréforier ,
Sultanne fringante & jolie,
Fidelle & toujours applaudie ,
Un brave & galant Ecuyer,
Mais fur-tout un bon Secrétaire ,
Du mérite & du caractère,
De celui que Vendôme avoit ;
Le fuccès l'avoit fait connoître.
Campiftron penfoit , écrivoit
De l'air dont fe battoit fon Maître.
Princes , vos bontés font d'un prix
A n'en pas profaner l'ufage.
Phœbus garde cet avantage
A fes plus dignes favoris.
Horace foupoit chez Mécène,
Virgile avec lui n'étoit qu'un ;
Mais Savius mangeoit à peine
A la gamelle du commun.

ÉPIGRAMME

De Voltaire, contre F**.

Quand nous verrons dans les campagnes
Un aigle à l'œil superbe élancé des montagnes,
Planer vers le soleil & fuir loin de nos yeux,
Nous croirons voir Corneille en son vol orgueil-
   leux ;
Mais lorsqu'en un boccage, où les roses fleuris-
   sent,
Nous verrons la chenille errer dans un buisson,
Et flétrir en rampant les fleurs qui la nourrissent,
Il faudra, malgré nous, reconnoître F**.

Du 6 Septembre.

Depuis que j'ai reçu votre Lettre, Monsieur, j'ai éprouvé un des malheurs attachés à l'état de mère. J'ai perdu le plus jeune de mes fils. J'en ai été plus fâchée que je ne l'aurois cru, & j'ai senti que les sentimens de la nature exiftoient en nous, fans que nous nous nous en doutaffions. Sa maladie m'a fort occupée. .... Je me fuis mife dans les mathématiques depuis que la poëfie m'a abandonnée. J'apprends la géométrie & l'algèbre par un Maître que vous connoiffez , & qui en écarte toutes les épines. Il me quitte pour aller philofopher à Bafle avec M. Bernouilly ; & moi , je vais arranger mon château de Cirey aulieu d'aller à Fontainebleau, & préparer ces lieux pour vous y recevoir un jour. .... On a joué une petite pièce de Fagan appellée la Pupille, qui eft ce que j'ai vu de plus joli depuis long·tems en comique ; deux Comédies de Piron qui font tombées , & l'Opéra d'Atis que la belle voix de Mademoifelle le Maure ne peut empêcher d'être fortennuyant. On parle du retour de nos Guerriers. Celui de M. de Voltaire ne s'approche point. On négocie toujours , mais fans fuccès. On n'en eft encore qu'aux pré-

liminaires. Cette affaire eft plus difficile que la paix générale, & m'in-
térefſe bien autant. J'ai perdu ces
jours-ci un nommé Mézieres que vous
avez vu chez moi ; j'en ſuis fort fâchée. Il eſt affreux de voir mourir les
gens avec leſquels on a vécu. Cela
dégoûte de la vie; mais ſi on pouvoit la
paſſer avec vous, on feroit trop heureux.

A Paris, ce 3 Avril 1735.

. . . . . . Voltaire eſt enfin arrivé ;
je crois ſon affaire terminée. Si ſa ſanté
n'eſt pas bonne, le plaiſir de revoir
ſes amis lui fera, je crois, grand bien.
Nous vous regrettons enſemble. Il vous
eſt tendrement attaché. S'il ſavoit que
je vous écris, il joindroit les marques
de ſon attachement aux aſſurances de
la tendre amitié qui m'attache à vous
pour ma vie.

_____

Du 3 Janvier 1736.

: . . . . . Je vis avec un homme pour
qui je vous ai vu de l'amitié, & qui
la mérite par fon attachement pour
vous. Vous devez à cela reconnoître
V * * *. On va jouer une Tragédie
qu'il a faite depuis que vous étiez aux
Limbes. Le Franc eft caufe qu'il l'a
donnée, & il a valu cela au Public
par le mauvais procédé qu'il avoit eu
de voler fon fujet, dont on lui avoit
rendu compte. Nous allons jouer dans
notre petite république de Cirey une
Comédie qu'il a faite pour nous, &
qui ne le fera que par nous.... Voltaire
fait l'Hiftoire de Louis XIV; & moi,
je *newtonife* tant bien que mal. Je ne
fais fi vous avez ouï parler du voyage
de Maupertuis & de Clairaut au Pôle.
Ils iront de la part de l'Académie. Vous
avez fans doute les obfervations pé-

riodiques de l'Abbé des Fontaines. Ce
Pirate de la littérature m'ôte le plaifir
de vous envoyer une Lettre en vers
de Voltaire au Marquis (1) *Argalotty*,
jeune Vénitien, qui vouloit être du
voyage au Pôle, uniquement par cette
foif infatiable de voir & de connoître qui
caractérife les gens de génie. Il mérite
cette épithète à l'âge de vingt deux
ans. Il a paffé fix femaines ici cet Au-
tomne. Il a mis les fublimes décou-
vertes de M. Newton fur la lumière
en dialogues, qui peuvent (au moins)
faire le pendant de ceux de Fontenelle.
Mais vous êtes peut-être curieux de
favoir pourquoi l'Abbé des Fontaines
m'empêche de vous envoyer cette Lettre; c'eft parce qu'il l'a imprimée. Je
ne fais trop comment il a fait pour
l'avoir, & nous en fommes tous fort
fâchés.

_____

(1) C'eft *Algarotti*. La faute eft dans l'Original.

A Bruxelles , le 24..... 1740.

. . . . . . J'y ai effuyé les deux feuls malheurs dont mon cœur fut fufceptible ; celui d'avoir à me plaindre d'une perfonne pour qui j'ai tout quitté, & fans qui l'Univers, fi vous n'y étiez pas, ne feroit rien à mes yeux, & celui d'être foupçonnée par mes meilleurs amis même d'une action qui doit me rendre l'objet de leur mépris. Votre amitié eft la feule confolation qui me refte ; mais il faudroit en jouir de cette amitié, & je fuis à trois cent lieues de vous. Mon cœur n'eft à fon aife qu'avec vous ; vous feul l'entendez, & ce que les autres regardent en pitié, comme une efpéce de déraifon, vous paroît un fentiment, qui l'eft dans votre nature, s'il n'eft pas dans la Nature. Je ne fais pourquoi je vous ai avoué ce que je vous ai dit à Fontainebleau. Ne cherchez point de

raifon à une chofe dont je ne connois pas bien la raifon moi - même.
Je vous l'ai dit parce que c'eſt la
vérité , & que je crois vous devoir
compte de tout ce que mon cœur a
fenti. Aucune réflexion n'a produit
cet aveu , & toute réflexion l'auroit
empéché. Je me le reprocherois & je
m'en repentirois , ſi je ne croyois être
fûre de votre caraĉtère. C'eſt cette
même certitude qui me fait me livrer
fans crainte & fans remords à tous les
mouvemens de mon cœur pour vous.
Sans doute , le fentiment que j'ai pour
vous doit être incompréhenſible pour
tout autre; mais il n'ôte rien à la paf-
ſion effrénée qui fait aĉtuellement mon
malheur. On auroit beau me dire :
Cela eſt impoſſible ; j'ai une bonne
réponfe : Cela eſt , & cela fera toute
ma vie , quand même vous ne le vou-
driez pas.... On me mande de Paris que
mon Livre réuſſit. Il ne me manque
que de pouvoir voir fentir fon fuccès.

Du 3 Février.

¿ . . . . ¿ . M. de Voltaire travaille à
l'Histoire des Campagnes du Roi ; j'aurai soin de vous les envoyer.

A Paris, ce 10 Avril 1743.

¿ . . . . . . Vous savez le résultat de
notre affaire de l'Académie ; ni votre
Archevêque, ni vous, ni nous, ne
sommes contens. Je vous avoue cependant qu'il est bien plaisant de voir
remplir une place destinée à M. de
V***, par M. de B***. Celle de l'Abbé
B** est donnée à son neveu : ce qui
n'est guères moins ridicule. Nous ne vou-
lons plus y penser que la Cour d'elle-
même ne pense à nous. Ne croyez pas
que nous nous soyons mal conduits.
Qui n'entend qu'une partie n'entend

rien , & M. de Richelieu ne hait pas
à condamner ſes amis. Votre Archevêque ne doit point être fâché contre
vous ; car M. de Mirepoix s'étoit
chargé de lui mander le déſiſtement,
& de plus nous eſpérions prendre la
place par famine, &ç.

A Paris , ce 28 Juin 1743.

. . . . . . Imaginez - vous que M. de
Voltaire très-mécontent déjà de tout ce
qui s'étoit paſſé au ſujet de l'Académie,
a été ſi révolté du refus que l'on fait
de laiſſer jouer la Tragédie de Jules
Céſar, qu'il s'en eſt allé en Hollande,
d'où il ira vraiſemblablement en Pruſſe,
qui eſt tout ce que je crains : car le
Roi de Pruſſe eſt un rival très-dangereux
pour moi. Je ſuis dans la plus grande
affliction, & quoique je ſente qu'il a
bien quelque tort, puiſqu'à ſa place
je ne me ſerois pas ſûrement enallé·

Cependant, ce que je fens le plus, c'eft
ma douleur ; je fuis refté ici dans l'efpé-
rance de faire jouer Céfar & de hâter fon
retour ; je doute que j'y parvienne, &
en ce cas j'irai à la fin de Juillet à Bruxelles, où il m'a promis de me venir trouver. Voilà mon état & mes marches, &c.

A Montjeu , ce 12 Mai.

VOUS favez que mon amitié pour
vous, Monfieur, me fait compter fur
la vôtre , comme fur ma plus grande
confolation dans mes malheurs. Je viens
d'éprouver le plus affreux de tous. Mon
ami Voltaire, pour qui vous connoiffez
mes fentimens , eft vraifemblablement
au château d'Offone, auprès de Dijon. Il
nous avoit quitté , il y avoit plufieurs
jours, pour aller prendre les eaux de
Plombieres, dont fa fanté a befoin depuis long-tems , quand un Homme de
M. de la Briffe , Intendant de Bourgo-

gne , m'a apporté une Lettre de cachet
qui lui ordonne de fe rendre audit Offone jufqu'à nouvel ordre. On a mandé
qu'il étoit à Plombieres ; je ne doute
pas qu'il ne reçoive inceffamment les
ordres du Roi, & qu'il ne lui obéiffe. Il
n'y a pas d'autre parti à prendre, quand
on ne peut les éviter. Je ne crois pas
qu'il puiffe être averti avant de les recevoir. Il m'eft impoffible de vous dépein-
dre ma douleur ; je ne me fens pas affez
de courage pour favoir mon meilleur
ami avec une fanté affreufe dans une
prifon , où il mourra fûrement de douleur, s'il ne meurt pas de maladie. Je
ne pourrai ni recevoir de fes nouvelles,
ni lui en donner des miennes fous la
puiffance d'un pareil Miniftre. C'eft
bien dans une circonftance auffi affli-
geante que votre préfence feroit nécef-
faire à ma confolation ; je ne connois
que vous avec qui je puiffe pleurer le
malheur de mon ami. Il me femble qu'il
m'a encore plus attaché à lui. Je ne

croyois pas que l'amitié pût caufer une douleur fi fenfible. Vous qui la connoif-fez, repréfentez-vous mon état. Hélas! dans quelles circonftances ai-je reçu votre Lettre! Vous enviez le bonheur que je goûte dans une fociété auffi pleine de charmes; vous avez bien raifon, fi cela avoit duré. J'ai paffé dix jours ici entre lui & Madame de Richelieu; je ne crois pas en avoir jamais paffé de plus agréables; je l'ai perdu dans le tems où je fentois le plus le bonheur de le poff24er, & comment l'ai-je perdu! S'il étoit en Angleterre, je ferois moins à plaindre. J'aime affez mes amis pour eux-mêmes. Sa fociété feroit le bonheur de ma vie; fa fûreté en feroit la tran-quillité. Mais le favoir, avec la fanté & l'imagination qu'il a, dans une prifon, je vous le dis encore, je ne me connois pas affez de conftance pour foutenir cette idée. Madame de Richelieu fait ma feule confolation. C'eft une femme charmante; fon cœur eft capable d'a-

mitié & de reconnoiſſance. Elle eſt, s'il
eſt poſſible, plus affligée que moi ; elle
lui doit ſon mariage , le bonheur de ſa
vie. Nous nous affligeons & nous nous
conſolons enſemble. Mais que lui ſer-
vent nos pleurs & nos regrets ? Je ne
vois nulle eſpérance. M. Chauvelin eſt
inflexible, & je ſuis inconſolable ; je ne
réparerai jamais la perte d'un tel ami.
La coquetterie, le dépit, tout nous
conſole de la perte d'un amant ; mais le
tems qui guérit toutes les playes, ne
fera qu'envenimer la mienne. Il m'eſt
impoſſible de vous parler d'autre choſe.
. . . . Je ſerai obligée
de m'en retourner inceſſamment à Paris ; je crains ce moment comme celui
de ma mort. Il me ſéparera de Madame
de Richelieu qui n'y retournera pas ſi-
tôt, & me mettra à portée d'entendre
à tous momens des propos qui me dé-
ſeſpéreront ; je vais devenir bien mi-
ſantrope. Je voudrois être à Caderouſſe
avec vous, puiſque je ne puis pas être à

Offone. On eſt bien malheureux de devoir tous ſes malheurs à la ſenſibilité
de ſon cœur , ſans laquelle il n'y a point
de plaiſir. Je vous demande pardon de
vous accabler de ma douleur ; mais c'eſt
le ſeul inconvénient de l'amitié & de
la confiance. J'irai inceſſamment dans
mon château. Les hommes me deviennent inſupportables ; ils ſont ſi faux , ſi
injuſtes, ſi *plains* de préjugés, ſi tyran-
niques. Il faut mieux vivre ſeul ou avec
des gens qui penſent comme vous. On
paſſe ſa vie avec des vipères envieuſes ,
c'eſt bien la peine de vivre & d'être
jeune. Je voudrois avoir cinquante ans
& être dans une campagne avec mon
malheureux ami, Madame de Richelieu & vous. Hélas ! on paſſe ſa vie à
faire le projet d'être heureux, & on ne
l'exécute jamais. Adieu, Monſieur. Je
ſens que ma douleur diminue à meſure
que je vous écris ; mais je ne veux point
abuſer de votre amitié.

A Paris, ce 23 Novembre.

J'AI été cruellement payée de tout ce que j'ai fait à Fontainebleau; j'ai ramené à bien l'affaire du monde la plus difficile. Je procure à M. de Voltaire un retour honorable dans sa patrie; je lui rends la bienveillance du Ministère; je lui r'ouvre le chemin des Académies; enfin, je lui rends en trois semaines tout ce qu'il avoit pris à tâche de perdre depuis six ans. Savez-vous comment il récompense tant de zèle & tant d'attachement? En partant pour Berlin, il m'en mande la nouvelle avec sécheresse, sachant bien qu'il me percera le cœur, & il m'abandonne à une douleur qui n'a point d'exemple, dont les autres n'ont pas d'idée & que votre cœur seul peut comprendre. Je me suis échauffé le sang à veiller; j'avois la poitrine en mauvais état; la fièvre m'a pris, &

j'espère

j'efpère finir bientôt , comme cette
malheureufe Madame de Richelieu, à
cela près que je finirai plus vîte, &
que je n'aurai rien à regretter, puifque
votre amitié étoit un bien dont je ne
pouvois jamais jouir. Je retourne finir
à Bruxelles une vie où j'ai eu plus de
bonheur que de malheur, & qui finit
d'elle - même dans le tems où je ne
pouvois plus la fupporter. Croirez-vous
que l'idée qui m'occupe le plus dans
ces momens funeftes , c'eft la douleur
affreufe où fera Monfieur de Voltaire,
quand l'enivrement où il eft de la Cour
de Pruffe fera diminué; je ne puis foutenir l'idée que mon fouvenir fera un
jour fon tourment. Tous ceux qui
m'ont aimé ne doivent jamais le lui
reprocher. Au nom de la pitié & de
l'amitié, écrivez-moi à Bruxelles tout
fimplement; je recevrai encore votre
Lettre, & s'il me refte encore de la vie,
j'y répondrai & vous manderai l'affiète
de mon ame dans ces momens qui

C

paroiffent fi terribles aux malheureux & que j'attends avec joie comme la fin d'un malheur que je n'avois ni mérité, ni prévu. Adieu. Souvenez-vous toujours de moi , & foyez fûr que vous n'aurez jamais de meilleure amie.

Cette femme célèbre a peu furvécu à cette Lettre : elle eſt morte en Août 1749 , à Lunéville.

Sans date.

LA converfation que je viens d'avoir avec vous, me prouve que l'homme n'eſt pas libre. Je n'aurois jamais dû vous dire ce que je vous ai avoué; mais je n'ai pu me refufer la douceur de vous faire voir que je vous ai toujours rendu juſtice, & que j'ai toujours fenti tout ce que vous valez. L'amitié d'un cœur comme le vôtre me paroît le plus beau préfent du Ciel, & je ne me confolerois

jamais ſi je n'étois ſûre que vous ne pouvez, malgré toutes vos réſolutions, vous
empêcher d'en avoir pour moi. Au milieu du ſentiment vif qui emporte mon
ame, & qui fait diſparoitre le reſte à
mes yeux, je ſens que vous êtes une
exception à cet abandonnement de
moi-même & de tout autre attachement. J'ai tout quitté pour vivre avec
la ſeule perſonne qui ait jamais pu remplir mon cœur & mon eſprit ; mais je
quitterois tout dans l'Univers, *or elle,*
pour jouir avec vous des douceurs de
l'amitié. Ces deux ſentimens ne ſont
point incompatibles, puiſque mon cœur
les raſſemble ſans avoir de reproches à
ſe faire. Je n'ai jamais eu de véritable
paſſion que pour ce qui fait actuellement le charme & le tourment de ma
vie, mon bien & mon mal ; mais je
n'ai jamais eu de véritable amitié que
pour Madame de Richelieu & pour
vous. J'ai conſervé ce ſentiment ſi cher à
mon cœur au milieu de la plus grande

ivreſſe & je le conſerverai toute ma
vie. La ſeule choſe qui y mêle de l'amertume, c'eſt que vous ayez pu me croire
capable d'une indignité qui a dû exci-
ter dans votre cœur l'indignation & le
mépris. Il eſt affreux qu'il y ait eu des
tems dans votre vie où vous avez eu ces
ſentimens pour moi. Rougiſſez donc
de votre injuſtice, & voyez combien
un cœur comme le mien eſt incapable
de perfidie. Elle n'eſt pas dans ma nature, & je ſuis de plus incapable d'a-
voir jamais cru une telle horreur de
vous, ſi on avoit oſé vous en accuſer.
Un cœur capable d'un amour ſi tendre
& d'une amitié ſi ſolide, ne peut l'être
d'un crime, & c'en feroit un que les hon-
nêtes gens ne devroient jamais pardonner. Vous devez juger combien ces idées
cruelles m'occupent, puiſque je n'ai pu
m'empêcher de vous en parler au milieu de l'attendriſſement que votre dé-
part a mis dans mon ame. Je ſuis heu-
reuſe de vous avoir revu, quoique je

ne doive plus vous revoir ; je fuis même heureufe par l'indifcrétion que j'ai fait, puifqu'elle vous a fait connoître mon cœur ; mais je ferai bien malheureufe, fi vous ne me confervez pas votre amitié, & fi vous ne m'en continuez pas les marques. Vous me feriez repentir de la vérité avec laquelle je vous ai parlé, & mon cœur ne veut point connoître le repentir. Il ne lui manque qu'un ami comme vous, pour être auffi heureux que la condition humaine le comporte. Voudrez-vous mêler de l'amertume à mes plus beaux jours ? Songez que vous avez à réparer avec moi, & que vous ne pouvez trop faire pour me confoler d'avoir été foupçonnée d'un crime par celui dans le cœur duquel j'aurois cru trouver ma juftification. Adieu. Il n'y aura de bonheur parfait pour moi dans le monde que quand je pourrai réunir le plaifir de vivre avec vous, & celui d'aimer celui à qui j'ai confacré ma vie.

Du 17 Février.

JE ne connois point de problême plus
difficile à réfoudre que vous. Quoi qu'il
en foit, j'ai pris mon parti de vous aimer & de vous le dire. Je ne fais ce que
me pourront valoir mes bons procédés,
puifque je n'en fuis pas moins privée de
votre commerce. Vous m'écrivez comme à votre ennemi; mais j'aime encore
mieux vos Lettres, toutes fingulières
qu'elles font, que votre filence. Quand
j'ai voulu vous envoyer la Philofophie
de Newton, je n'ai pas douté que vous
ne l'euffiez, quand même perfonne ne
l'auroit dans votre Ville ; mais je ne
voulois pas que vous tinffiez d'un autre
que de moi un Livre qui m'eft dédié;
& d'ailleurs, celui que je vous envoie
eft une feconde édition, beaucoup plus
correcte que la première. Je fais qu'on
peut faire beaucoup de critiques de ce

Livre ; mais avec tout cela, il n'y en a
point de meilleur en François fur ces
matières : car, hors les Mémoires de
l'Académie des Sciences, il n'y a que
des Livres de Phyfique pitoyables.

Les Dialogues d'*Argalotti* font pleins
d'efprit & de connoiffance. Il en a fait
une partie ici, & ce font eux qui ont
été l'occafion du Livre de M. de V***.
Je vous avoue cependant que je n'aime
pas ce ftyle là en matière de Philofophie, & l'amour d'un Amant qui dé-
croit en raifon du quarré des tems &
du cube de la diftance, me paroît difficile à digérer ; mais en tout, c'eft l'ouvrage d'un homme de beaucoup d'efprit & qui eft maître de fa matière.
L'Épitre à Fontenelle n'a pas réuffi. *Il
Neutonianifmo per le Dame*, dédié à
M. de Fontenelle a paru fort fingulier :
car ce n'eft ni comme femme, ni comme
Newtonien, qu'il a eu cet hommage. Il
n'eft pas plus l'un que l'autre. Il faut
donc que ce foit comme mauvais plai-

fant. Vous ne favez pas que c'eſt mon
portrait qui eſt à la tête : du moins ça
été l'intention. Mais il n'a pas trop bien
réuſſi. On le traduit ; c'eſt M. de Caſtera
qui fait cette beſogne. Je ne ſais ſi on
parlera davantage de la Traduĉtion que
de l'Ouvrage : car *le Dame* ſavent peu
d'Italien & encore moins de Philoſo-
phie. On ne ſait où eſt l'Auteur ; s'il eſt
à Touloufe, je vous en félicite. C'eſt
un des hommes que j'aye jamais con-
nus, le plus aimable, le plus inſtruit
& le plus doux à vivre. J'eſpère qu'il
vous dira du bien de moi, & je vous
prie de ne pas lui en dire de mal, ſi
vous vous intéreſſez encore un peu à
moi. Je vous conterai une petite anec-
dote littéraire qui me regarde ; mais
cette Lettre a déjà près de quatre pages, j'ai peur qu'elle ne vous empêche
de me répondre : je vous plains ; mais ſi
vous connoiſſez encore l'amitié, vous
ne pouvez être à plaindre. Mais ſerez-
vous toute votre vie à Touloufe ? Adieu.

M. de Voltaire eſt ici. Mais crainte que vous ne me ſoupçonniez, il y a plus de trois ans que je ne lui ai prononcé votre nom. Il ignore que je vous écris. Adieu. Je vous demande pardon de la longueur de cette Lettre.

Sans date.

MALGRÈ les princeſſes & les pompons, je penſe ſérieuſement ſur la fortune de mes amis. . . . . Je me livre au monde ſans l'aimer beaucoup. Des enchaînemens inſenſibles font paſſer les jours entiers ſans ſouvent que l'on apperçoive que l'on a vécu. . . . puiſque M. de Voltaire vous a fait ma confidence d'Anglois, je vous avouerai que cela m'a extrémement occupée & amuſée. . . . . . Je ſuis charmée qu'Adélaïde vous plaiſe; elle m'a touchée. Je la trouve tendre, noble, touchante, bien écrite, & ſur-tout un cinquième Acte charmant. Elle ne ſera pas jouée

si-tôt ; la pauvre petite Dufresne se
meurt. Elle a renvoyé son *roole*. V***,
en est fort affligé, & il a raison : elle
étoit très-capable de faire valoir son
roole, & la petite *Gossein* le joueroit
pitoyablement. Pour moi, je suis d'avis
qu'il attende la guérison de Mademoi-
selle Dufresne. Il y a trois semaines
qu'il est malade lui-même, & qu'il n'a
pas forti. Mais il n'en a pas l'imagination
moins vive & moins brillante; il n'en a
pas moins fait deux Opéras, dont il en
a donné un à Rameau, qui sera joué
avant qu'il soit six mois. On vous aura
sûrement mandé ce que c'est que Rameau & les différentes opinions qui
divisent le Public sur la Musique ; les
uns la trouvent divine & au-deffus de
Lully ; les autres la trouvent fort tra-
vaillée, mais point agréable & point
diversifiée. Je suis, je l'avoue, des der-
niers ; j'aime cent fois mieux Issé que
l'on joue à présent, & où Mademoi-
selle le Maure se surpasse...... &c.

A Paris, ce 28 Mai.

JE ne puis me guérir de vous aimer & de faifir avec empreſſement les occaſions de vous le dire. Je vous envoye la Bataille de Fontenoi de ma part & de celle de l'Auteur. Je defire que vous foyez heureux, & je le ferai parfaitement, fi je puis quelque jour jouir de votre amitié. La vie vous aime trop, pour que vous ne m'aimiez pas toute votre vie.

Sans date.

: . . . . . . V***., des affaires de qui j'avois commencé à vous rendre compte, & qui me donnent tant de chagrin & tant d'inquiétude, eſt plus à plaindre que jamais. Ses affaires vont tous les jours de mal en pis. Le *G. d. S.* a paru appaiſé ; il avoit même donné des paroles de paix à Madame d'Aiguillon ; il

C 6

avoit demandé de lui des Lettres de
défaveu de ce malheureux Livre ,
moyennant quoi il promettoit de révoquer cette Lettre fignée , *Louis.* Il a
écrit & fait tout ce qu'on a voulu avec
une docilité attendriffante. Mais le dé-
part de Madame d'Aiguillon , qui étoit
la Plénipotentiaire de cette affaire, a
fait évanouir toutes mes efpérances.
Le Miniftère paroit plus irrité que jamais. Le Parlement l'a brûlé. Il y a
dans l'Arrêt une permiffion d'informer
que le Procureur-Général veut pour-
fuivre , contre toute vraifemblance.
La Cour ne veut point révoquer fa
Lettre de cachet. On lui fait un crime
d'un voyage qu'il a fait au Camp , que
fon amitié feule pour M. de Richelieu
lui a fait entreprendre fur les bruits
qui paffoient pour conftans en Lor-
raine où il étoit alors , qu'il étoit bleffé
dangereufement ; d'autres difoient même mort. Mais il y a des tems où tout
fe tourne en aigre. On lui a prêté cent

mauvais propos. Le Ministère a saisi ce
prétexte avec plaisir. Je suis bien con-
vaincue qu'il a un dessein formé de le
perdre. On parle d'un bannissement.
Pour moi, je ne sais plus qu'en croire ;
je sais bien qu'à sa place je serois à Londres ou à la Haye , il y a déjà long-tems.
Je vous avoue que tout cela m'a sensi-
blement affligée ; je ne m'accoutume
point à vivre sans lui , & à l'idée de le
perdre sans retour , cela empoisonne
toute la douceur de ma vie. Vous voyez
que vos Lettres & les marques de votre amitié me deviennent tous les jours
plus nécessaires. M. de Maupertuis me
voit souvent ; il est extrêmement aimable. Il me semble que vous le con-
noissez peu ; mais sûrement, si vous le
connoissiez davantage , vous en feriez
cas. Il prétend qu'il m'apprendra la
Géométrie. Mon voyage a fort retardé
le projet ; je commence à le reprendre.
Je lis l'Anglois assez bien à présent ;
mais je n'ai pu encore parvenir à l'écrire

couramment. Je lis le conte du Ton-
neau c'eſt un Livre bien plaiſant & bien
ſingulier. Il y a à la Comédie Françoiſe
une Tragédie nouvelle nommée Didon.
Elle eſt d'un jeune homme-de 22 ans ,
& n'eſt pas ſans mèrite ; mais elle ne
mérite pas la moitié du bien qu'on en
dit. Il y a auſſi une petite Pièce qu'on
appelle *la Pupille* , qui eſt d'un M. le
Rayer, Conſeiller au Parlement , & qui
eſt charmante. On joue les Élémens, &
Mademoiſelle le Maure a la voix plus
belle que jamais. Il paroît un Livre
du Préſident de *Montefquieu* ſur les cau-
ſes de la décadence de l'Empire Ro-
main , qui ne me paroît point digne de
l'Auteur des Lettres Perſannes , quoiqu'il y ait de l'eſprit. Vous en jugerez ,
car vous l'aurez apparemment. Vous
voyez que je vous fais chère d'avare
par la longueur de cette Lettre ; mais ſi
vous me répondez un peu exactement,
je vous promets de vous écrire toutes
les femaines , & je me le promets bien

à moi-même : car j'y trouve un plaifir extrême. La façon pleine d'amitié dont vous avez partagé ma douleur, eſt une des choſes du monde qui m'a fait le plaiſir le plus ſenſible. Qui peut vous exprimer combien j'ai ſenti vivement le deſir que vous avez eu de la venir partager ? Je ſens qu'il n'y a point de malheur dont votre amitié ne conſole. On travaille à force à mon hermitage, & je ne déſeſpère pas de vous y recevoir un jour. On m'a peu parlé de vous ici ; je crois que vous n'êtes pas en peine de mes réponſes en cas que l'on m'en parlât. Adieu, Monſieur ; je vous quitte avec peine, & j'ai beſoin que le papier ſe refuſe à tout ce que mon amitié me dicte.

L'Univers eſt inſtruit que M. de Voltaire a fait un Traité de la Tolérance ; mais preſque tout l'Univers ne ſait pas qu'il a fait un beau Poëme, intitulé : La Guerre de Genève.

Tout le monde ſait qu'il a juſqu'à l'ennui ſollicité l'indignation publique contre le fameux Poëte Rouſſeau, pour des Vers méchans que peut-être il n'avoit pas fait ; mais beaucoup de gens ignorent que le bel eſprit imitateur s'eſt efforcé d'acquérir de plus juſtes droits au même ſentiment. On doit, pour l'édification générale, ré pandre les productions avouées de cet homme d'un caractère ſi benin, d'une conſcience ſi timorée, qu'il ne pardonna jamais davantage à J. B. Rouſſeau ſa réputation & ſes vices, qu'à J. J. Rouſſeau ſa gloire & ſes vertus.

J'ai fait imprimer à la ſuite de la Satyre une Lettre du célébre infortuné qu'elle attaque. Je plains ceux pour qui ce rapprochement ne vaudroit pas un excellent commentaire.

L'Inconstance donne ses ordres au
Héros du Poëme ; elle lui dit :

Robert Covelle, allez trouver Jean-Jaques,
Mon favori. . . . .
. . . .
C'est le soutien de mon culte éternel.
Toujours il tourne & jamais ne rencontre.
Il vous soutient & le pour & le contre,
Avec un front de pudeur dépouillé.
Cet étourdi souvent a barbouillé
De plats Romans, de fades Comédies,
Des Opéras de minces mélodies ;
Puis il condamne en style entortillé
Les Opéras, les Romans, les Spectacles.
Il vous dira qu'il n'est point de miracles,
Mais qu'à Venise il en a fait jadis.
Il se connoît finement en amis ;
Il les embrasse & pour jamais les quitte.
L'ingratitude est son premier mérite ;
Par grandeur d'ame il hait ses bienfaiteurs.
Versez sur lui les plus nobles faveurs ;
Il frémira qu'un homme ait la puissance,

La volonté, la coupable impudence,
De l'avilir en lui faifant du bien.
Il tient beaucoup du naturel d'un chien ;
Il jappe & fuit, & mord qui le careffe.
Ce qui fur-tout me plaît & m'intéreffe,
C'eft que de Secte il a changé trois fois,
En peu de tems, pour faire un meilleur choix.

Trois pages plus loin.

Les antres fauvages de Moutiers-travers font :
• • • • • • De Rouffeau le digne & noir palais.
Là fe tapit ce fombre énergumène,
Cet ennemi de la nature humaine,
Pétri d'orgueil & dévoré de fiel.
Il fuit le monde & craint de voir le Ciel ,
Et cependant fa trifte & vilaine ame
Du Dieu d'amour a reffenti la flamme.
Il a trouvé, pour charmer fon ennui,
Une Beauté digne en effet de lui.
C'étoit Caron amoureux de Mégère.
Une infernale & hideufe forcière
Suit en tous lieux le magot ambulant,
Comme la chouette eft jointe au chathuant.
L'infâme vieille avoit pour nom Vachine ;
C'eft fa Circé, fa Didon, fon Alcine.
L'averfion pour la terre & les cieux

Tient lieu d'amour à ce couple odieux.
Si quelquefois dans leurs ardeurs secrettes
Leurs os pointus joignent leurs deux squelettes,
Dans leurs transports ils se pâment soudain
Du seul plaisir de nuire au genre humain.
Notre Euménide avoit alors en tête
De diriger la foudre & la tempête
Devers Genève. Ainsi l'on voit Junon,
Du haut des airs terrible & forcenée,
Persécuter les restes d'Illion,
Et foudroyer les Compagnons d'Énée.
Le roux Rousseau. . . . . .
. . . . . . Tel est son caractère ;
Il n'est ami . parent, époux ni père ;
Il est de roche, & quisonque en un mot
Naquit sensible, est fait pour être un sot.

LETTRE

De J. J. ROUSSEAU

A M. DU MOULIN , Procureur-Fiſcal de S. A. S. M. le Prince de Condé , à Montmorency près Paris.

A Moitiers-travers , le 16 Janvier 1763.

J'APPRENDS, Monſieur , avec d'autant plus de douleur la perte que vous venez de faire de votre digne oncle, qu'ayant négligé trop long – tems de l'aſſurer de mon ſouvenir & de ma reconnciſſance , je l'ai mis en droit de ſe croire oublié d'un homme qui lui étoit obligé & qui lui étoit encore plus attaché , & à vous auſſi. M. Mathas ſera regretté & pleuré de tous ſes amis & de tout le Peuple dont il étoit le père. Il ne ſuffit pas de lui ſuccé-

der , Monfieur , il faut le remplacer.
Songez que vous le fuivrez un jour &
qu'alors il ne vous fera pas indifférent
d'avoir fait des heureux ou des mi-
férables. Puiffiez · vous mériter long-
tems & obtenir bien tard l'honneur
d'être auffi regretté que lui.

Si le fouvenir des momens que nous
avons paffés enfemble vous eft auffi
cher qu'à moi , je ne vous recom-
manderai point un foin qui vous foit
à charge , en vous priant d'en con-
ferver les monumens dans votre petite maifon de Saint-Louis. Entretenez
au moins mon petit bofquet , je vous
en fupplie, fur-tout les deux arbres
plantés de ma main ; ne fouffrez point
qu'Auguftin ni d'autres fe mêlent de
les tailler ou de les façonner ; laiffez-
les venir librement fous la direction
de la Nature, & buvez quelque jour
fous leur ombre à la fanté de celui
qui jadis eut le plaifir d'y boire avec
vous. Pardonnez ces petites follicitudes

puériles à l'attendriffement d'un fouvenir qui ne s'effacera jamais de mon
cœur. Mes jours de paix fe font paffés
à Montmorency , & vous avez con-
tribué à me les rendre agréables. Rap-
pellez - en quelquefois la mémoire ;
pour moi , je la conferverai toujours.

ROUSSEAU.

Mademoifelle Levaffeur vous prie
d'aggréer fes refpects & de les faire
aggréer à Madame du Moulin. Je me
fuis placé ici à portée d'un village
catholique pour pouvoir l'y envoyer
le plus fouvent qu'il fe peut remplir
fon devoir , & notre Pafteur lui prête
pour cela fa voiture avec grand plaifir.
Je vous prie de le dire à M. le Curé
qui paroiffoit allarmé de ce que de-
viendroit fa religion parmi nous autres.
Nous aimons la nôtre , & nous ref-
pectons celle d'autrui.

Permettez que je vous prie de re-
mettre l'incluse à fon adreffe.

Ce Paralelle, *digne d'être conservé, eſt tiré d'un Ouvrage qu'une circonſtance indifférente au Public n'a pas permis de répandre. Cet Ouvrage traitoit de la Peinture & de la Sculpture; l'Auteur, à l'occaſion des Buſtes de Voltaire & de J. J. Rouſſeau, diſoit:*

VOILA donc ces deux hommes célèbres que la France a perdu preſqu'en même tems. Il eſt ſingulier qu'on nomme & qu'on voye toujours enſemble deux êtres, dont la deſtinée a été ſi conſtamment différente, que le rapprochement qu'on en pourroit faire ſembleroit un jeu de l'imagination. Voltaire étoit noble & riche; le ſecond pauvre & roturier. Le génie du premier fut précoce; J. J. ne développa le ſien qu'au bout de quarante ans. Il n'a ceſſé d'eſtimer les talens de l'Auteur de Mahomet & d'Alzire. Celui - ci

paroît avoir méprifé jufqu'aux vertus
de fon admirateur. On diroit que,
par l'échange le plus bizarre, chacun
d'eux avoit adopté la Patrie de fon
Rival. L'un n'écrivit qu'afin de prou-
ver au genre humain que le bonheur
étoit feulement un fruit des mœurs
pures ; l'autre unit, dans fes Ouvra-
ges, les éclairs d'un efprit jufte aux
erreurs d'un efprit léger. Il recueilloit
des vérités brillantes par·tout où l'i-
magination fuffifoit pour pénétrer,
& fon génie ne lui fournit prefque
jamais de réflexions vraiment profon-
des. D'ailleurs, ayant affoibli fon ame
dans le commerce des Grands, il s'a-
veugloit fouvent lui-même fur le dan-
ger de fes maximes. En même tems
qu'il faifoit l'éloge des vertus, il ex-
cufoit le luxe qui les corrompt. Il
foutenoit qu'en matière de Religion
c'étoit un mal que de contraindre les
efprits, & il employoit à les contraindre la feule arme qui fut en fon
pouvoir,

pouvoir , le poignard du ridicule. Après
avoir acquis une fortune immenfe,
il fe vantoit fans cesse d'avoir aidé
quelques malheureux. Je n'ai pas befoin d'exprimer duquel de ces deux
hommes je parle ; ce que j'en dis fuf-
fit pour les diftinguer.

Cette oppofition dans le fort & dans
les mœurs a été encore favorifée par
le hafard.

L'un s'eft vu mourir environné de
fa famille , dans le pays de fa naif-
fance , au milieu de fes vains triom-
phes , & tourmenté par le feul regret
d'en jouir trop peu.

J'ai ouï dire à une perfonne de diftinction ,
qui tenoit le fai de M. Tronchin, que V * * *,
êft mort en défefpéré. Il peftoit , il juroit contre
fa Garde ; il apoftrophoit la Mort & lui crioit,
en déclamant avec de grands geftes : O Mort ,
éloigne-toi ; éloigne-toi..... Quoi ! il faut mourir !... Il prenoit les mains de fon ami Tronchin ,
il lui difoit : Mon ami, mon cher ami, donnez

D

Jean-Jacques devenu affez infortuné
pour fouffrir qu'on le recueillit dans
une maifon étrangère, y perd bientôt
après, dans une courte agonie, des
jours qu'il avoit paffé dans de longs
tourmens. L'homme eftimable qui fe
flattoit de lui accorder long-tems un
afyle, a eu la douleur de ne lui offrir
qu'un tombeau!. ... ... Le tombeau
de Voltaire eft placé, loin de nos re-
gards, en des lieux qu'il eût voulu
détruire. Sa cendre peut-elle repofer
en paix fous les Autels qu'il ébranla!
O Jean-Jacques! on a dépofé la tienne
fur des rivages dignes de la recevoir.
Dans ce même féjour, où la Nature
fimple & tranquille étale aux yeux
des charmes fi variés, on viendra con-
templer avec une douce mélancolie

---

moi votre parole d'honneur que je ne mourrai
pas... D'autres fois il s'écrioit : Ils m'ont em-
poifonné avec leur fumée de gloire.

les restes de celui qui nous en inf-
pira l'amour ; & tandis que les froids
éloges qu'obtiendra Voltaire auront
droit d'irriter son ombre, les cris
furieux de l'envie acheveront le tien.

F I N.